EDICT DV ROY,

PORTANT ATTRIBVTION aux Greffiers des Eslections de ce Royaume, de six deniers pour liure, sur tous les deniers qui s'imposeront & leueront sur ses subjets contribuables aux Tailles.

Verifié en la Cour des Aydes, le quatriesme May mil six cens vingt-vn.

A PARIS,
Par FED. MOREL, & P. METTAYER,
Imprimeurs ordinaires du Roy.
M. DCXXI.
Auec Priuilege de sa Maiesté.

LOVIS PAR LA GRACE DE DIEV, ROY DE FRANCE ET DE NAVARRE, A tous presens & à venir, Salut. Ayans resolu pour nous opposer aux pernicieux desseins de ceux qui se sont liguez & esleuez en armes contre nous, & s'efforçent de troubler le repos & tranquillité de cet Estat, de mettre sus pied de puissantes armees, & faire leuer encores plusieurs gens de guerre dans les Prouinces de nostre Royaume, iusques à nombre suffisant pour leur conseruation: Et les grandes & excessiues despenses que nous auons faictes à cause des mouuemens passez, nous ayāt reduit à tel poinct, que pour trouuer le fonds necessaire pour l'armement, solde & entretenement desdits gens de guerre : Nous sommes contraints de nous seruir de toutes sortes de moyẽs extraordinaires: Nous auons estimé plus à propos d'attribuer quelques droits à aucuns de nos Officiers, & en diminuer d'autant le reuenu de nos Tailles, que de recourir à d'autres moyens qui seroient à surcharge à nos subjets. C'est pourquoy, ayans consideré que les Greffiers des Eslections de cestuy nostre Royaume, n'ont aucuns autres droits que les esmolumens ordinaires de leurs Greffes, Nous auons creu qu'en leur attribuant quelques droits, ainsi que nous auons faict aux gardes des Sceaux & Maistres Clercs desdites Eslections, & Greffiers des Eslections de nostre Prouince de Normandie, à prendre sur le fonds de nosdites Tailles, & en deschargeant nosdits subjets, de ce à quoy pourra monter cette attribution, Nous tirerions promptement vne notable somme de deniers de ce qui en pourroit prouenir, pour satisfaire à partie desdites despenses. A CES CAVSES, Sçauoir faisons, qu'ayant mis cet affaire en deliberation en nostre Conseil, où estoient aucuns Princes de nostre Sang, autres Princes Officiers de nostre Couronne, & autres grands & notables personnages : DE L'ADVIS d'iceluy, & de nostre certaine science, plene puissance, & auctorité Royale, Auons par cetuy nostre present Edict perpetuel & irreuocable, attribué, vny & incorporé, Attribuons, vnissons & incorporõs à chacun des Greffiers des Eslections de ce Royaume, six deniers pour liure, à prendre d'oresnauant & à tousiours sur tous les deniers, qui s'imposeront & leueront pour nos Tailles, Taillon, Creües y jointes, & autres Creües extraordinaires, que pour quelque cause & occasion que ce soit, en vertu de nos Lettres patentes, & de nos successeurs Roys, sur nos subjets des Paroisses desdites Eslections, & leur estre d'oresnauant payez par les mains des Collecteurs des Tailles de quartier en quartier, ainsi, & par la mesme forme que les droits de signatures de Roolles des Officiers desdites Eslections, & ceux des Commissaires des Tailles & garde des petits Sceaux des Eslections. Lesquels six deniers pour liure, Nous voulons estre pris sur le fonds de nos Tailles & Creües, & qu'elles en soient d'autant diminuees par nos Commissions qui seront par nous enuoyees pour la leuee d'icelles en l'annee prochaine. Et afin que nous puissions tirer promptemét le secours que nous esperons de ladite attribution, Nous voulons que lesdits Greffiers des Eslections soiét tenus de nous payer dans quinze iours apres la signification qui leur sera faicte és mains du Tresorier de nos parties Casuelles, les sommes ausquelles ils seront moderémét taxez en nostre Conseil, pour ioüir de ladite attribution : Et à faute de ce faire dans ledit temps ils en seront descheus, sans qu'ils y puisset estre cy apres receus, & sera procedé à la reuente des Greffes desdites Eslections par les Commissaires qui seront par nous à ceste fin deputez, pour ioüir par chacun des acquereurs, tant des anciens gages, droits, reuenus & esmolumens y appartenans & attribuez, que desdits six deniers pour liure sur tout ce qui s'imposera cy apres en vertu de nosdites Lettres patentes, sans y pouuoir estre troublez ny empeschez en sorte que ce soit, ny lesdits acquereurs, leurs hoirs, successeurs, & ayans cause depossedez qu'en les remboursant comptant à vn seul payement des deniers qu'ils auront payez pour l'acquisition desdits Greffes, y compris ladite nouuelle attribution, suiuant les contrats qui leur en seront faits & passez par lesdits Cõmissaires, ensemble de leurs fraiz & loyaux cousts : sans neantmoins que les anciens acquereurs desdits Greffes en puissẽt estre depossedez qu'ils ne soient remboursez des deniers actuellement payez en nos coffres, pour leur acquisition ou deüe consignation d'iceux aux termes de nos Ordonnances, en cas de saisie ou autre empeschemẽt procedant de leur faict, & de leurs fraiz & loyaux cousts, suiuant la liquidation qui en sera faite par lesdits Commissaires.

SI DONNONS en mandement à nos amez & feaux Conseillers, les gens tenans nostre Cour des Aydes à Paris,

Paris, Presidés & Tresoriers generaux de France, és Generalitez qu'il appartiendra, que ces presentes ils facent lire, publier & enregistrer, & du contenu d'icelles ioüir & vser les acquereurs desdites charges, leurs hoirs, successeurs, & ayans cause, sans permettre qu'il soit faict, mis ou donné aucun empeschement au contraire: Nonobstant oppositions ou appellations quelsconques, & tous autres Edicts, Reglemens, & Lettres à ce contraires. Ausquelles, & aux derogatoires des derogatoires y contenues, Nous auons derogé & derogeons par ces presentes. Car tel est nostre plaisir. Et afin que ce soit chose ferme & stable à tousiours, Nous auons à icelles faict mettre & apposer nostre scel.

DONNE' à Caën au mois de Iuillet, l'an de grace 1620. Et de nostre regne le vnziesme. Signé, LOVIS. Et sur le reply, Par le Roy, DE LOMENIE. Et scellé en cire verte, sur laqs de soye rouge & vert. Et sur ledit reply est encores escrit,

Registrees en la Cour des Aydes, Ouy le Procureur general du Roy, suiuant & aux charges portees par l'Arrest de ladite Cour du iourd'huy. A Paris le quatriesme iour d'Aoust, 1620. Signé, DV PVY.

EXTRAICT DES REGISTRES de la Cour des Aydes.

VEV par la Cour les Lettres patentes du Roy en forme d'Edict, donnees à Caën au mois de Iuillet 1620. signées, LOVIS, & sur le reply, Par le Roy, De Lomenie. Et scellees en cire vert, sur laqs de soye rouge & vert: Par lesquelles & pour les causes y contenues, sa Maiesté, de l'aduis de son Conseil, auroit par ledit Edict irreuocable, attribué, vny & incorporé à chacun des Greffiers des Eslections de ce Royaume, six deniers pour liure, à prendre d'oresnauāt & à tousiours, sur tous les deniers qui s'imposerōt & leuerōt tāt pour nos Tailles, Taillon & Creües extraordinaires, que pour quelque cause & occasion que ce soit en vertu desdites Lettres patentes & autres de ses successeurs Roys, sur les subiets de sa-

dite Maiesté, & leur estre d'oresnauant payee par les mains des Collecteurs des Tailles de quartier en quartier, ainsi & par la mesme forme que les droits de signatures de Roolles des Officiers desdites Eslections, & ceux des Commissaires des Tailles & gardes des petits Sceaux desdites Eslections : lesquels six deniers pour liure, sadite Maiesté Veut estre pris sur le fonds des Tailles & Creües, & qu'elles en soient d'autãt diminuees par les Commissions qui seront enuoyees pour la leuee d'icelles en l'annee prochaine. Et afin que sadite Maiesté puisse auoir promptement le secours qu'elle espere de ladite attribution, Veut que lesdits Greffiers desdites Eslectiõs soient tenus de payer dans quinzaine apres la signification qui leur sera faite és mains du Tresorier de ses parties Casuelles, les sommes ausquelles ils seront moderément taxez en son Conseil, pour iouïr de ladite attribution: Et à faute de ce faire dans ledit temps ils en seront descheus, sans qu'ils y puissent estre cy apres receus, & sera procedé à la reuente desdits Greffes desdites Eslections par les Commissaires qui seront par elles à ce deputez, pour iouïr par chacun desdits acquereurs, tant des anciens gages, droits & reuenus, & esmolumens y attribuez, que desdits six deniers pour liure, sur tout ce qui s'imposera cy apres en Vertu desdites Lettres patentes, sans y pouuoir estre troublez ny empeschez en sorte que ce soit, & lesdits acquereurs, leurs hoirs, successeurs & ayãs cause, depossedez, qu'en les remboursant comptant, & à vn seul payemẽt des deniers qu'ils auront payez pour l'acquisition desdits Greffes, y compris ladite nouuelle attribution, suiuant les contrats qui leurs en seront faicts & passez par lesdits Commissaires, ensemble de leurs fraiz & loyaux cousts, sans neantmoins que les anciens acquereurs desdits Greffes en puissent estre depossedez, qu'ils ne soient remboursez des deniers actuellement payez en ses coffres pour leur acquisition ou deüe consignation d'iceux, aux termes des Ordonnances: & en cas de saisie ou autre empeschement procedãt de leur faict, & de leurs fraiz & loyaux cousts, suiuant la liquidation qui en sera faite par lesdits Commissaires. Ledit Edict, Conclusions du Procureur general, veu & cõsideré: *La Cour ayant esgard aux vrgentes affaires du Roy, a ordonné & ordonne que lesdites Lettres en forme d'Edict seront leües, publiees & registrees au Greffe d'icelle, selon leur forme & teneur : Et à la charge neantmoins que les six deniers dont est question, seront diminuez au peuple par les commissions de l'aduenir, & pris sur le fonds des leuees qui se feront pour le Roy seulement, & non sur les deniers qui s'imposeront pour les particuliers : & que les Commissaires qui seront establis pour la vente de ladite attribution, ne pourront entreprendre aucune Iurisdiction contẽtieuse.* Prononcé le 4. iour d'Aoust mil six cens vingt. Signé, PAVLMIER.

DECLARATION DV ROY, *ſur le precedent Edict.*

LOVIS par la grace de Dieu, Roy de France & de Nauarre, A tous ceux qui ces preſentes Lettres verront, Salut. Sçauoir faiſons, Qu'ayant faict voir en noſtre Conſeil l'Arreſt dõné en noſtre Cour des Aydes eſtablie à Paris le quatrieſme du mois d'Aouſt dernier, par lequel procedant à l'enregiſtrement & verificatiõ de noſtre Edict du mois de Iuillet, portant attribution aux Greffiers des Eſlectiõs de noſtre Royaume, de ſix deniers tourn. pour liure, à prendre ſur tous les deniers qui ſ'impoſeront & leuerõt ſur nos ſujets des villes, Bourgs & Paroiſſes deſdites Eſlectiõs, tant pour nos Tailles, Taillon, Creües y iointes, & autres Creües extraordinaires que pour quelque cause & occasion que ce soit, en vertu de nos Lettres patẽtes & de nos successeurs Roys, Ladite Cour auroit ordonné que lesdits six deniers seroient diminuez à nostre peuple par les Commissions de l'aduenir, & pris sur le fonds des leuees qui se feroient pour nous seulement, & non sur les deniers qui s'imposerõt pour les particuliers Et ne voulãs que ladite modification porte preiudice à ce qui est de nostre intẽtiõ portee par nostredit Edict, laquelle a tousiours esté comme elle est encores à present, que lesdits six deniers pour liure soiẽt pris & leuez sur tous les deniers qui s'imposeront sur nos subjets contribuables aux Tailles, pour quelque cause & occasion que ce soit: mesmes en vertu des assiettes particulieres, & pour les affaires cõmunes desdites Villes, Bourgs & Paroisses: Ayãs tousiours creu & estimé que ceste attribution sur lesdites leuees particulieres, n'est de telle consideration & importance qu'elle merite de rendre la perception & ioüissance des droits que nous octroyons aux Greffiers de nos Eslectiõs differente d'auec celle des droits que prennent les autres Officiers desdites Eslections, gardes des petits Sceaux & Commissaires de nos Tailles, puis que comme eux ils trauaillent aux expeditions qui se font en nosdites Eslectiõs pour lesdits particuliers, en ce qui depend de leurs charges, & qu'ils s'y employent comme aux nostres. Desirans d'ailleurs pouruoir pour tousiours à ce que nostredit Edict & ledit Arrest de nostredite Cour, en ce qui regarde le soulagement de nos subjets contribuables aux Tailles, pour le faict de ladite attribution de six deniers pour liure ſoiẽt obſeruez, en telle ſorte que noſdits ſubjets par inaduertance ou autremẽt, n'en puiſſent eſtre chargez à l'aduenir, ny leſdits Greffiers ou autres acquereurs, troublez ny inquietez en leur ioüiſſance. A CES CAVSES, de l'aduis de noſtre Cõſeil, & de noſtre certaine ſcience, plene puiſſance & auctorité Royale, Nous auons par ces preſentes ſignees de noſtre main, Dict & declaré, Diſons & declarons, voulons, ordonnons & nous plaiſt, que ſuiuant noſtredit Edict du mois de Iuillet dernier cy attaché ſouz le contreſcel de noſtre Chancellerie. Et ſans nous arreſter à ladite modification portee par ledit Arreſt de noſtredite Cour, les Greffiers deſdites Eſlections ou autres acquereurs de ladite nouuelle attribution deſdits ſix deniers tournois pour liure, ioüiſſent d'icelle, & la prennent & reçoiuent ſur tous les deniers tiers qui s'imposeront & leueront sur nos subjets contribuables aux Tailles des Villes, Bourgs & Paroisses du ressort de leur establissement, pour quelque cause & occasion que ce soit, mesmes pour ceux qui se leueront par assiette particuliere, & pour les affaires communs desdites Villes, Bourgs & Paroisses sans aucuns excepter. Lequel droit sera compris dans les roolles des assiettes auec les fraiz d'icelles, ainsi que les droits des signatures des roolles, Commissaires des Tailles, & autres de pareille nature, & payé ausdits acquereurs par lesdits Collecteurs suiuant nostredit Edict. Et afin que nosdits subjets soient asseurez de ne receuoir aucune surcharge considerable par le moyen de ladite attribution de six deniers pour liure, & ceux qui les voudrōt acquerir de la ioüissance certaine d'iceux, NOVS VOVLONS &

ordonnons que si par inaduertance les distractions desdits six deniers venoient à estre obmises par les breuets & Cõmissions qui s'enuoyeront pour les departemens & leuees des deniers, tant de nos Tailles, Taillon, Solde des Preuosts des Mareschaux, des Creües y iointes, que de la Creüe des garnisons & autres Creües extraordinaires, comprises és Commissions d'icelles, Les Presidens & Tresoriers generaux de France en faisant lesdits departemens, & les Esleuz en procedant au departement des assiettes desdits deniers, ayent soing de faire lesdites distractions. Et pareillement si par aucunes desdites Commissiõs ou autres qui leur seront enuoyees au courant de l'annee, il n'estoit faict mention d'imposer & leuer lesdits six deniers, ainsi, & comme les autres droits attribuez aux Officiers desdites Elections

& Commissaires des Tailles, lesdits six deniers soient neantmoins imposez & leuez, le tout sans qu'il soit besoing d'autre Declaration plus expresse, ny particuliere que cesdites presẽtes. Dequoy faire auons à chacun desdits Officiers dés maintenant, comme pour lors, donné & attribué, donnons & attribuons tout pouuoir, auctorité & mandement special.

SI DONNONS en mandement à nos amez & feaux Conseillers, les gens tenans nostre Cour des Aydes à Paris, que tous affaires cessans & postposez, sans attendre de nous autre commandement plus exprés, ny s'arrester à ladite modification portee par leurdit Arrest, ils ayent à proceder à l'enregistrement pur & simple, de nostredit Edict: Ensemble faire lire, publier & registrer cesdites presentes selon leur forme & teneur, sans y apporter aucune restrinction ny difficulté. Mandons aussi à nos amez & feaux Conseillers, les Presidens & Tresoriers generaux de France, establis és Generalitez du ressort de nostredite Cour, & aux Officiers des Eslections en dependans, que chacũ endroit soy ils façent entretenir, garder & obseruer, entretiennent, gardent & obseruent le contenu en nostredit Edict & cesdites presentes, sans permettre qu'il soit faict, mis ny donné aucun trouble ny empeschement au contraire, à peine d'en respondre en leurs propres & priuez noms. Et pour ce que de cesdites presentes & dudit Edict, on pourra auoir besoing en plusieurs & diuers lieux, Nous voulons qu'aux copies d'iceux deüement collationnees, foy soit adioustee comme aux originaux: Nonobstant quelsconques Edicts, Declarations, Ordonnances, Arreſts & Reglemens à ce contraires : Auſquels, & à la derogatoire des derogatoires y contenues, Nous auons derogé & derogeons par ceſdites preſentes. CAR tel eſt noſtre plaiſir. En teſmoin dequoy, Nous auons faict mettre noſtre ſcel à ceſdites preſentes.

DONNÉ à Bordeaux, le vingt-huictieſme iour de Septembre, mil ſix cens vingt. Et de noſtre regne le vnzieſme. Signé, LOVIS. Et ſur le reply, Par le Roy, DE LOMENIE. Et ſcellé du grand ſceau de cire iaune, ſur double queüe. Et ſur ledit reply eſt encores eſcrit,

Leu, publié & regiſtré en la Cour des Aydes, par le commandement du Roy, porté par Monſieur frere du Roy, venu expres en ladite Cour, aſſiſté des Sieurs Dornano, de Chaſteauneuf & Ieannin, Conſeillers au Conſeil d'Eſtat de ſa Majeſté, Ouy & conſentant le Procureur general. A Paris en ladite Cour des Aydes les Chambres aſſemblees, le 4. May mil ſix cens vingt-vn.

Signé, PAVLMIER.

EXTRAICT DES REGIstres de la Cour des Aydes.

VEU par la Cour les Lettres patentes du Roy en forme d'Edict, donnees à Caën au mois de Iuillet mil six cens vingt, Signees LOVIS, & sur le reply, Par le Roy, De Lomenie, & seellees de cire verte sur lacs de soye rouge & verte: Par lesquelles & pour les causes y contenues, Sa Maiesté de l'aduis de son Conseil auroit par ledit Edict irreuocable, attribué vny & incorporé à chacun des Greffiers des Eslections de ce Royaume six deniers pour liure à prendre d'oresnauant & à tousiours sur tous les deniers qui s'imposeront & leueront sur les Tailles, Taillon & creuës extraordinaires, pour quelque cause & occasion que ce soit, en vertu desdites Lettres patentes & autres de ses successeurs Rois sur les subiets de sadite Maiesté, Et leur estre d'oresnauant payé par les mains des Collecteurs des Tailles de quartier en quartier, ainsi & en la mesme forme que les droicts de signatures de roolles des Officiers des Eslections & ceux des Commissaires des Tailles & gardes des petits Sceaux desdites Eslections: Lesquels six deniers pour liure sadite Maiesté veut estre pris sur le fonds des Tailles & creuës, & qu'elles en soient d'autant diminuees par les Commißions qui seront enuoyees pour la leuee d'icelles en l'annee prochaine. Et afin que sadite Maiesté puisse auoir promptement le secours qu'elle espere de ladite attribution, veut que lesdits Greffiers desdites Eslections soient tenus de payer dans quinzaine apres la signification qui leur sera faicte és mains des Tresoriers de ses parties casuelles, les sommes esquelles ils seront moderément taxez en son Conseil, pour iouïr de ladite attribution: Et à faute de ce faire dans ledit temps, ils en seront decheuz, sans qu'ils y puissent estre cy apres receuz, Et sera procedé à la reuente desdits Greffes desdites Eslections par les Commissaires qui seront par elle à ce deputez pour iouïr par chacun desdits acquereurs tant des anciens gages, droicts, reuenus & esmolumens y attribuez, que desdits six deniers pour liure, sur tout ce qui s'imposera cy apres en vertu desdites Lettres patentes, sans y pouuoir estre troublez ny empeschez en sorte quece soit, ny lesdits acquereurs, leurs hoirs, & ayans cause, depossedez qu'en les remboursant comptant & à vn seul payement des deniers qu'ils auroient payez pour l'acquisition desdits Greffes, y compris ladite nouuelle attribution, suiuant les contracts qui leur en seront faits & passez par lesdits Commissaires, ensemble de leurs fraiz & loyaux cousts, sans neantmoins que les anciens acquereurs desdits Greffes en puissent estre depossedez qu'ils ne soient remboursez des deniers actuellement payez en ses coffres pour leur acquisition ou deuë consignation d'iceux aux termes des Ordonnances : Et en cas de saisie ou autre empeschement procedant de leur faict, & de leurs fraiz & loyaux cousts, suiuant la liquidation qui en sera faite par lesdits Commissaires : Ledit Edict, Arrest de ladite Cour du quatriéme Aoust mil six cens vingt, par lequel auroit esté ordonné (ayant esgard aux vrgentes affaires du Roy,) que lesdites Lettres seront leuës, publiees & registrees au Greffe d'icelle selon leur forme & teneur, Et à la charge neantmoins que les six deniers dont est question seront diminuez au peuple par les Commissions de l'aduenir, & pris sur le fonds des leuees qui se feront pour le Roy seulement, & non sur les deniers qui s'imposeront pour les particuliers : Et que les Commissaires qui seront establis pour la vente de ladite attribution, ne pourront entreprendre aucune iurisdiction contentieuse, Lettres de Declaration du Roy donnees à Bordeaux le vingt-huictiéme iour de Septembre dernier, signees sur le reply, Par le Roy, De Lomenie, & seellees du grand sceau de cire iaune, & contre-seellees, Par lesquelles sadite Maiesté pour les causes y contenues : & sans s'arrester à la modification portee par l'Arrest cy dessus, Veut, Ordonne & luy plaist, Que les

Greffiers

Greffiers desdites Eslections ou autres acquereurs de ladite nouuelle attribution desdits six deniers pour liure, ioüissent d'icelle, & la perçoiuent sur tous les deniers qui s'imposeront & leueront sur les subiets de sadite Maiesté contribuables aux Tailles des Villes, Bourgs & Paroisses du ressort de leur establissement pour quelque cause & occasion que ce soit, mesmes pour ceux qui se leueront par assiete particuliere & pour les affaires communes desdites Villes, Bourgs & Paroisses, sans aucunes en excepter. Lequel droict sera compris dans les roolles des assietes, auec les fraiz d'icelles, ainsi que lesdits droicts de signature de roolles, Commissaires des Tailles & autres de pareille nature: & payé ausdits acquereurs par lesdits Collecteurs, suiuant ledit Edict. Mandant à ladite Cour que tous affaires cessans & postposez, & sans attendre de sadite Maiesté autre plus expres commandement, elle ayt à proceder à l'enregistrement pur & simple dudit Edict, sans y apporter aucune restriction ny difficulté. Conclusions du Procureur general du Roy, Le tout veu & consideré, La Cour ne peut entrer à la verification desdites Lettres de Declaration du vingt-huictiesme Septembre mil six cens vingt, & supplie tres-humblement le Roy de l'en excuser. Faict à Paris en la Cour des Aydes les Chambres assemblees, le quinziesme iour de Feurier mil six cens vingt-vn. Signé, PAVLMIER.

Lettres de Iußion.

LOVIS PAR LA GRACE DE DIEV ROY DE FRANCE ET DE NAVARRE, A nos amez & feaux Conſeillers les gens tenans noſtre Cour des Aydes à Paris, Salut. Nous auons faict voir en noſtre Conſeil, & en noſtre preſence voſtre Arreſt du quinzieſme iour de Feurier dernier cy attaché, ſous le contre-ſcel de noſtre Chancellerie, portant refus de regiſtrer nos Lettres de Declaration du vingt-huictieſme Septembre mil ſix cens vingt. Par leſquelles pour les cauſes y contenues, Nous vous aurions enjoint tres-expreſſément, que ſans vous arreſter à la modification appoſee par voſtre

Arreſt du quatrieſme Aouſt audit an à l'enregiſtrement de noſtre Edict du mois de Iuillet audit an, portant attribution de ſix deniers pour liure aux Greffiers des Eſlections de ce Royaume, vous euſſiez à proceder à l'enregiſtrement de noſtredit Edict ſans y apporter aucune reſtrinction ny difficulté, Et faire iouïr les Greffiers deſdites Eſlections, ou autres acquereurs de ladite nouuelle attribution deſdits ſix deniers pour liure ſur tous les deniers qui s'imposeront & leueront ſur nos ſubjets contribuables aux Tailles des villes, Bourgs, & paroiſſes du reſſort de leur eſtabliſſement pour quelque cauſe & occaſion que ce ſoit, meſmes pour ceux qui ſe leueront par aſſiettes particulieres, & pour les affaires communes deſdites Villes, Bourgs, & Paroiſſes, ſans aucunes en excepter: Lequel droict ſeroit compris dans les roolles des aſſietes auec les frais d'icelles, ainſi que les droicts de ſignatures de roolles, Cõmiſſions des Tailles & autres de pareille nature, & payé auſdits acquereurs par leſdits Collecteurs, ſuiuant noſtredit Edict. Et d'autant que voſtredit Arreſt n'eſt conforme à noſtre vouloir & intention, & qu'il apporte du retardement à l'execution de noſtredit Edict, au preiudice de nos affaires & ſeruice, Ne voulans que la reſolution de ceſte affaire ſoit plus long temps differee: DE L'ADVIS de noſtredit Conſeil, & de noſtre certaine ſcience, pleine puiſſance & auctorité Royale, NOVS vous mandons & tres-expreſſement enjoignons, Que ſans vous arreſter à voſdits Arreſts des quatre Aouſt mil ſix cens vingt, & quinzieſme Feurier dernier, & aux cauſes motiues d'iceux, ny ſans attendre de Nous autre plus exprés commandement que ces preſentes ſignees de noſtre main, leſquelles vous prendez pour derniere & finale Iuſſion, VOVS ayez tous autres affaires ceſſans & poſtpoſez à proceder à l'enregiſtrement pur & ſimple de noſtredit Ediƈt du mois de Iuillet, & Lettres de Declaration du vingt-huiƈtiéme Septembre dernier, ſans y apporter aucune modification, reſtrinƈtion, longueur ny difficulté: Et faire iouïr leſdits Greffiers des Eſleƈtions, où autres acquereurs de ladite attribution deſdits ſix deniers pour liure, ſur tous les deniers qui s'impoſeront & leueront ſur nos ſubjets pour quelque cauſe & occaſion que ce ſoit, meſmes pour ceux qui ſe leueront par aſſietes particulieres & pour les affaires communes des Villes, Bourgs & Paroiſſes, ſans aucunes en excepter, conformément auſdites Lettres de

Declaration, Et ce nonobstant quelsconques Edicts, Reglemens, Arrests, & Lettres à ce contraires, Ausquelles Nous auons pour ce regard derogé & derogeons par cesdites presentes: Car tel est nostre plaisir. Donné à Paris le cinquiesme iour de Mars l'an de grace mil six cens vingt-vn, Et de nostre regne le vnziesme.

Signé, LOVIS.

Et plus bas, Par le Roy.

DE LOMENIE.

Et seellé du grand sceau de cire iaune sur simple queüe.

Leu, publié & registré en la Cour des Aydes, par le cõmandement du Roy, porté par Monsieur frere du Roy venu exprés en ladite Cour, assisté des Sieurs Dornano, de Chasteau-neuf, & Ieannin, Conseillers au Conseil d'Estat de sa Majesté, Ouy

& consentant le Procureur general. A Paris en ladite Cour des Aydes les Chambres assemblees, le quatriesme May, mil six cens vingt-vn.

Signé, PAVLMIER.

Collationné à l'original, par moy Conseiller, Notaire & Secretaire du Roy.

www.ingramcontent.com/pod-product-compliance
Ingram Content Group UK Ltd.
Pitfield, Milton Keynes, MK11 3LW, UK
UKHW032027260826
14628UKWH00006B/2782